Abschnitt aus dem Titelumschlag der 2. Auflage

Islamische Bibliothek

Zamzam

Geschichte eines Brunnens

übersetzt aus dem Arabischen

Islamische Bibliothek

Buchinformation

Herausgeber:
Muḥammad Aḥmad Rassoul

Auflage:
3. verbesserte und erweiterte Auflage,
Ğumāda II 1418 (Oktober / November 1997)
[Die erste Auflage dieses Titels erschien 1977 unter Nr. 4 der Schriftenreihe des Islamischen Zentrums München]

Verlag und Druck:
IB Verlag Islamische Bibliothek
Gemeinnützige Gesellschaft mbH, Köln.
Printed in Germany

المكتبة الإسلامية
كولونيا-ألمانيا الإتحادية

ISBN 3-8217-0156-0

بسم الله الرحمن الرحيم

رَبَّنَآ إِنِّيٓ أَسۡكَنتُ مِن ذُرِّيَّتِي بِوَادٍ

غَيۡرِ ذِي زَرۡعٍ عِندَ بَيۡتِكَ ٱلۡمُحَرَّمِ رَبَّنَا لِيُقِيمُواْ ٱلصَّلَوٰةَ

فَٱجۡعَلۡ أَفۡـِٔدَةٗ مِّنَ ٱلنَّاسِ تَهۡوِيٓ إِلَيۡهِمۡ وَٱرۡزُقۡهُم مِّنَ

ٱلثَّمَرَٰتِ لَعَلَّهُمۡ يَشۡكُرُونَ ٣٧

(سورة ابراهيم)

Im Namen Allāhs,
des Allerbarmers,
des Barmherzigen!

Unser Herr,
ich habe einen Teil meiner
Nachkommenschaft in einem
unfruchtbaren Tal nahe bei Deinem
heiligen Haus angesiedelt,
o unser Herr, auf daß sie das Gebet
verrichten mögen.
So mache ihnen die Herzen der
Menschen zugeneigt
und versorge sie mit Früchten,
damit sie dankbar sein mögen.

(Sura 14, Vers 37)

Inhaltsverzeichnis

Abkürzungen

a.s.: "'alaihi-s-Salām" bzw. "'alaihā-s-Salām" (Friede auf ihm bzw. auf ihr). Wird von Muslimen bei der Nennung von Engeln, Propheten und manchen Frauen, wie z.B. Maria, ehrend hinzugefügt.

a.s.s.: "'alaihi-ṣ-Ṣalātu wa-s-Salām" (auf ihm seien Segen und Friede) oder "ṣalla-llāhu 'alaihi wa-sallam" (Allāh segne ihn und schenke ihm Friede). Wird von Muslimen bei der Nennung des Propheten Muḥammad ehrend hinzugefügt.

f.: femeninum = weiblich

n.Chr.: nach der Geburt Jesu (a.s.)

n.H.: nach der Hiğra (Auswanderung des Propheten Muḥammad, Allāhs Segen und Friede auf ihm, von Makka nach Al-Madīna); die Hiğra ist der Beginn der islamischen Zeitrechnung (1 n.H. = 622 n.Chr.).

m.: masculinum = männlich

r.: "raḍiya-llāhu 'anh" bzw." ... 'anhā" (= Möge Allāh Wohlgefallen an ihm bzw. ... an ihr haben). Wird von Muslimen bei der Nennung der Prophetengefährten ehrend hinzugefügt.

t.: "ta'ālā" = der Erhabene (wörtlich: Er ist Erhaben). Wird von Muslimen bei der Nennung Allāhs als Verherrlichung hinzugefügt.

v.Chr.: vor Jesus (a.s.)

Erläuterung der Lautumschrift

In der Umschrift arabischer Wörter und Namen wurde das allgemein gebräuchliche System benutzt. Nachstehend wird jedes arabische Schriftzeichen durch einen lateinischen Buchstaben mit oder ohne Zusatzzeichen wiedergegeben:

a kurzes **a**, meist kein reines **a**, sondern nach **ä** oder **o** hin verfärbt.

ا **ā** langes **a** wie deutsches **ah** oder **aa**.

ب **b** wie deutsches **b**.

د **d** wie deutsches **d**.

ذ **ḏ** stimmhafter Lispellaut wie englisches **th** in **there**.

ض **ḍ** dumpfes, stimmhaftes **d**, durch Pressen der Zunge an den vorderen Obergaumen gebildet.

ف **f** wie deutsches **f**.

ج **ǧ** stimmhaftes **dsch** wie in **Dschungel**.

غ **ġ** Gaumenzäpfchen-**r** wie das **g** in norddeutsch **Wagen**.

ه **h** leichtes, deutsches **h**, auch im Silbenschluß konsonantisch, also kein Dehnungs-**h**, sondern gehaucht.

ح **ḥ** scharfes, ganz hinten in der Kehle gesprochenes **h**.

خ **ẖ** rauhes, deutsches **ch** wie in **Bach**, vor und nach allen Vokalen hinten im Mund zu sprechen.

i kurzes **i**.

ـي **ī** langes **i** wie deutsches **ie** oder **ih**.

ك **k** helles, vorn gesprochenes **k**.

ل **l** wie deutsches **l**; in dem Wort Allāh wird es etwas voller, mit zurückgebogener Zungenspitze gesprochen.

م **m** wie deutsches **m**.

ن **n** wie deutsches **n**.

ق **q** hinten im Gaumensegel gesprochenes, hauchloses **k**.

ر **r** rollendes Zungenspitzen-**r**.

س **s** hartes, stimmloses **s** wie deutsches **ß**, auch am Silbenanfang.

ش **š** deutsches **sch**.

ص **ṣ** dumpfes, stimmloses **s**, durch Pressen der Zunge an den Obergaumen gebildet.

ت **t** helles, vorn gesprochenes **t**.

ث ṯ stimmloser Lispellaut wie englisches **th** in **thing**.

ط ṭ dumpfes, stimmloses **t** ohne Hauchlaut, durch Pressen der Zunge an den Obergaumen gebildet.

u kurzes **u**.

ū langes **u** wie deutsches **uh** in **Schuh** oder **Kuh**.

و **w** rundes Lippen-**w** wie in englisch **wide**.

ى y wie deutsches **j**.

ز z weiches, stimmhaftes **s**, wie deutsches **s** am Silbenanfang in **sehr** oder **Silber**.

ظ ẓ dumpfes, stimmhaftes **d**, durch Pressen der Zungenspitze an den vorderen Obergaumen gebildet.

ع ʻ der Buchstabe **ʻAin**, ein ganz tief in der Kehle angesetzter, mit zusammengepreßter Stimmritze gebildeter Reibelaut.

ء ʼ Der Kehlkopfverschlußlaut "Hamza", bezeichnet einen Stimmansatz oder -absatz (im Deutschen wie das deutsche **a** in **be-achten**); im Arabischen nicht nur am Silbenanfang, sondern auch am Silbenschluß vorkommend.

Vorwort

Zamzam - ein schöner Name, angenehm auszusprechen und melodisch klingend!
Aber was ist Zamzam?
Zamzam ist ein Süßwasserbrunnen auf der Arabischen Halbinsel, im Gebiet des Al-Ḥiǧāz, in der Stadt Makka, in der Nähe zur Al-Ka'ba, des geheiligten Hauses Allāhs.
Jeder, der die Pilgerfahrt zum Hause Allāhs unternimmt, trinkt von dem süßen, kühlen Wasser des Brunnens. Und jeder, der den Umlauf um die Al-Ka'ba gemacht hat, sucht durch ihn Kühlung.
Ist aber Zamzam ein Brunnen wie die übrigen Brunnen, die sich auf der Arabischen Halbinsel befinden?
Nein, keineswegs! Denn Zamzam hat eine Geschichte und Legenden, die die Geschichtsschreiber aufgezeichnet haben und von denen die Überlieferer und Erzähler berichten.

Doch welche ist seine Geschichte und welche sind seine Legenden?
Darüber erfahren wir Näheres in diesem Buch.

Muḥammad Aḥmad Rassoul

Köln,
im Ramaḍān 1397 (September 1977)

Titelgrafik der 1. Auflage

Der Weg nach Makka

Wir wollen in der Geschichte weiter zurückgehen, bis wir in das Jahr 2500 v. Chr. kommen. Der Ort, wo Makka liegt, war zu jener Zeit ein Tal ohne Ackerbau, eine öde Gegend, trocken und unfruchtbar, auf allen Seiten von Bergen umgeben, und in seiner Mitte lag ein kleiner, niedriger Hügel.

In der Nähe dieses Hügels machte eines Tages ein alter Mann halt, der eine junge Frau mit einem kleinen Kind bei sich hatte.

Der alte Mann errichtete für die Frau und das Kind ein Zelt, in dem sie beide Unterkunft fanden, und in dem er für sie zurücklegte, was er an Speise und Trank in seinem Reisesack mit sich trug.

Dann wandte er sich der Frau und dem Kind zu, um von ihnen beiden Abschied zu nehmen.

Die Frau war darüber bestürzt und hielt sich an dem Mann fest, und die Tränen liefen ihr über die

Wangen als sie sagte:
"Willst du uns etwa an diesem wüsten, verlassenen Ort zurücklassen, Ibrāhim?"
Ibrāhim sagte:
"Ja, Hāǧar!"
Hāǧar begriff, daß Ibrāhim dazu nur auf einen Befehl seines Herrn gehandelt hatte, und daß er nur einer Eingebung von Allāh (t) folgte. So fragte sie ihn:
"Hat dir der Herr befohlen, uns hier zurückzulassen, Ibrāhim?"
Er gab ihr zur Antwort:
"Ja; und mein Herr wird mir befehlen, Ihm hier Sein geheiligtes Haus zu errichten."
Da kam über Hāǧar Zuversicht, und in ihrer Seele verbreitete sich innere Ruhe; sie sagte:
"So vertraue dann auf Allāh; denn du hast ja schon uns Dem anvertraut, bei Dem keine Hoffnung verloren ist."
Ibrāhim nahm Abschied von seiner Frau Hāǧar und küßte seinen kleinen Sohn Ismā'īl; darauf verließ er sie beide und brach auf.

Und in Gedanken ging Hāğar auf dem langen Weg durch die Wüste, den sie auf dem Rücken der Kamele zusammen mit ihrer neuen, schönen Herrin zurückgelegt hatte und dem frommen, guten, rechtschaffenen Gatten ihrer Herrin, dessen Zunge nicht aufhörte, Allāh (t) zu preisen und nicht müde wurde, jeden auf dem Weg Vorübergehenden zum Essen und zur Einkehr in Gastfreundschaft einzuladen.

Dann sah sie sich selbst, mittlerweile zur Jugendlichen herangewachsen, bei ihrer Herrin Sāra und deren Gatten Ibrāhim.

Sie wußte, daß er ein Freund und Prophet Allāhs war, der nach Seiner Eingebung handelte und nach Seiner Leitung wandelte, und der die Menschen zum Ablassen von der Vielgötterei und der Götzenanbeterei aufrief.

Sie wohnte damals mit ihnen zusammen in einem Gebiet in der Steppe von Palästina und gehörte zu denen, die an Ibrāhim und seinen Herrn glaubten.

Sie befolgte seine Unterweisungen und die seiner Frau und war ihnen beiden in Wort und Tat treu

ergeben, so daß sie das Wohlgefallen ihrer Herrin und ihre Liebe und Zuneigung gewann.
Jene eröffnete ihr ihr Herz und enthüllte ihr, was in ihrem Innersten verborgen war. Sie teilte ihr sogar mit, daß sie unfruchtbar war und keine Kinder bekommen konnte. Aber sie hätte es gerne gehabt, wenn Ibrāhim ein Kind hätte, der sein und Sāras Augentrost gewesen wäre.
Dann erinnerte sich Hāğar, wie ihr ihre Herrin mitteilte, daß sie sie Ibrāhim schenken würde, damit er die Frau habe, die ihm das gewünschte Kind geben könne. Die Erinnerungen hörten nicht auf, vor ihren geistigen Augen zu schweben, während sie in ihrem Zelt saß, abgeschnitten von jeglicher Zivilisation.
Ihr Kind lag auf ihrem Schoße, und sie streichelte ihm aus Zärtlichkeit den Rücken, damit es einschlafen sollte. Sie sah, wie sie von Sāras in Ibrāhims Besitz überging, und wie sie dessen Sklavin wurde, und wie dann Sāra und Ibrāhim mit Heiterkeit und Freude die Kunde von ihrer Schwangerschaft entgegennahmen und die

Botschaft von der nahe bevorstehenden Ankunft eines Neugeborenen, das ihrer beider Augentrost sein sollte.
So erinnerte sich Hāğar in Gedanken zurück.
Tränen rollten über ihre Wangen, aber sie nahm sie mit dem Zipfel ihres Gewandes auf, bevor sie auf die Hand des auf ihrem Schoß liegenden Kindes fallen konnten, dessen Hand mit ihrem Nacken und ihrer Brust herumspielte.
Nun erinnerte sich Hāğar, wie sich die Zuneigung Sāras zu ihr in Kühle umwandelte, und wie ihre Liebe zu ihr in Gleichgültigkeit umschlug! Und dann, wie freudig Ibrāhim die Kunde von der Geburt seines Sohnes Ismā'īl aufnahm, während Sāra sie mit Trauer und Niedergeschlagenheit ertrug!
Da begriff Hāğar, daß im Herzen dieser gütigen Herrin, die sie zuvor geliebt hatte und die ihr zugeneigt gewesen war, schon die Eifersucht Platz gefunden hatte, zu der die Menschen von Natur aus stets neigen.
Es ärgerte Sāra, wie Hāğar und ihr Sohn die

Hochschätzung und Zuneigung Ibrāhims erlangten. Denn Sāra war nun eifersüchtig auf Hāğar geworden, als jene ihrem Gatten Ibrāhim ein Kind schenkte, wie Allāh (t) ihr selbst keines gewährt hatte. Doch konnte sie ihren Ärger nicht verhehlen und ihre Eifersucht nicht verbergen.
Und Hāğar erinnerte sich, wie sie sich bemühte, mit ihrem Kind, Sāra aus den Augen zu gehen, und wie sie hinausgezogen war, um mit ihm weit entfernt vom Lager zwischen Hügeln und Gestrüpp zu leben. Und wie sie dann Gürtel mit langen Enden angelegt hatte, damit sie damit ihre Fußspuren verwischen konnte, so daß Sāra nicht wußte, in welche Richtung sie sich gewandt und an welchen Ort sie sich begeben hatte.
Doch dieses sich Entfernen und Zurückziehen genügte Sāra nicht und stellte sie nicht zufrieden. Daher verlangte sie von ihrem Gatten, daß Hāğar und deren Sohn von ihr getrennt werden sollen.
So richtete Ibrāhim für Hāğar und ihren Sohn einen Wohnsitz weit entfernt von dem Sāras ein. Dort besuchte er sie beide von Zeit zu Zeit. Doch

Sāra konnte auch das nicht aushalten, und da forderte sie von ihrem Gemahl, daß er Hāğar in einem Lande wohnen ließ, das ganz weit von dem ihren entfernt lag.

So zog Ibrāhim mit Hāğar hinaus zu diesem Ort, fern der Zivilisation. Daraufhin kehrte er zu Sāra zurück, die nun Tage- und Nachtreisen von ihr entfernt war.

Sie beide trennten Wüsten und öde Gegenden. Als Hāğar all dieser Ereignisse gedachte, traten Tränen in ihre Augen, und wiederum wischte sie sie auf, bevor sie auf das Gesicht ihres Kindes fielen, das nun im tiefen Schlaf auf ihrer Brust ruhte. Und Hāğar wandte sich ihrem Herrn zu, Den sie demütig anflehte:

"Mein Herr, wahrlich Ibrāhim hat uns Dir anvertraut, und bei Dir ist keine Hoffnung verloren."

"Zummi! Zummi!"

So gingen weitere Tage dahin, in denen das Trinkwasser, das Hāğar bei sich hatte, zu Ende ging.
"Mein Herr, was soll ich tun?"
Mit diesen Worten fragte Hāğar ihren Schöpfer und verließ ihr Zelt, in dem ihr Kind lag und sich dabei vor brennendem Durst herumwälzte.
Sie sah sich um und hielt von den Gipfeln der sie umgebenden Hügel Ausschau, ob sie vielleicht Wasser erblicken oder eines Menschen ansichtig werden könnte.
Sie hatte zwar Ibrāhim sagen hören: "Hier ist der Treffpunkt der Karawanen aus Syrien mit denen aus dem Jemen", als er sie an diesen Ort brachte, aber wieviel Zeit war schon verstrichen, ohne daß ihr jemand über den Weg gelaufen wäre! Und wieviele Tage waren schon vorübergegangen, ohne daß eine Karawane gekommen wäre!
Hāğar bestieg den Hügel Aṣ-Ṣafā, um Ausschau

zu halten und auszuspähen; aber sie erblickte weder Wasser noch einen Menschen.
So stieg sie wieder hinunter und lief, bis sie auf den Hügel Al-Marwa kam. Dort hielt sie erneut Ausschau, fand aber nicht, was sie begehrte. Und wiederum suchte sie Hilfe bei Allāh:
"O Allāh, mein Herr, was soll ich tun?"
An Hāğars Ohr drang so etwas wie eine Stimme, die von hinten herkam. Da sagte sie zu sich selbst: "Pst!"
Darauf eilte sie wieder zum Hügel Aṣ-Ṣafā zurück, um herauszufinden, was es mit der Stimme auf sich hatte. Aber sie fand niemanden.
Die Stimme drang ein zweites Mal an ihr Ohr aus der anderen Richtung. Da kehrte sie zum Hügel Al-Marwa zurück, und so fuhr Hāğar fort, sieben Mal zwischen Aṣ-Ṣafā und Al-Marwa hin und her zu eilen, ohne daß sie die Ursache der Stimme erkennen oder eine Wasserquelle finden konnte.
So kehrte Hāğar mit Tränen in den Augen und gebrochenem Herzen zu ihrem Sohn zurück, um nachzuschauen, was mit ihm geschehen sei, da

sie dachte, er sei schon gestorben.

Hāğar blickte auf Ismā'īl herab und sah ihn forschend an:

"Oh, wie wunderbar!", stammelten ihre Lippen, während sie da stand und staunend voller Überraschung auf das blickte, was sich zu Füßen ihres Kindes befand.

Und was war das, das Hāğar sah und das sie in Erstaunen und Verblüffung versetzte?

Sie erblickte zwischen den Füßen Ismā'īls, mit denen er den Boden aufgescharrt hatte, klares Wasser, das hübsch und lieblich hervorsprudelte.

Hāğar beugte sich über das Wasser, um ihrem Sohn davon zu trinken zu geben, und ihren Durst zu stillen. Dann, als sie seinen und ihren Durst gelöscht hatte, begann sie, das Wasser mit ihren Händen hier und dort einzudämmen und mit Sand einzuschließen, damit sie es in ihre Wasserschläuche auffüllen und in ihren Töpfen aufbewahren konnte. Sie hatte Furcht davor, daß es im Sande versickern und nutzlos verschwendet werden könnte.

Bei dieser Arbeit sagte sie wiederholend: "Zummi! Zummi!", was soviel bedeutet wie "Halte dein Wasser vor Verschwendung und dämme es ein!" Davon ist der Name Zamzam entstanden.

Unterdessen hörte Hāğar wieder die Stimme von vorhin, die ihr zurief:

"Fürchte keinen Durst, denn das hier ist eine Süßwasserquelle zum Trunk für die Gäste Allāhs. Und fürchte nicht die nutzlose Verschwendung dieses Wassers; denn hier an dieser Stelle werden Ibrāhim, der Freund Allāhs, und sein Sohn dereinst das Haus Allāhs erbauen."

Da begriff Hāğar, daß Allāh (t) sie nicht vergessen und auch nicht aus Seiner Gnade verstoßen hatte. Und sie wußte nun, daß dieser Rufer nur einer der Engel Allāhs gewesen sein konnte.

Da warf sie sich vor Allāh (t) nieder, um Ihm für Seine Wohltat, die Er ihr und ihrem Kind erwiesen hatte, zu danken und Ihn für Seine Gnade zu preisen.

So wohnte denn Hāğar mit ihrem Sohn froh und zuversichtlich in Sicherheit in ihrem Zelt in der Nähe der klaren, sprudelnden Süßwasserquelle. Sie wußte, daß die Quelle einen Engel als nimmermüden Beschützer hatte, der sie mit Sorgfalt bewachte und behütete.

Umschlagstitel der 2. Auflage

Al-Ka‘ba wird aufgebaut

Von den arabischen Stämmen war ein Stamm Namens Ǧurhum dem Tal von Makka am nächsten. Er hatte sich am höchsten Punkt des Tales beim Berg Qu‘aiqi‘ān niedergelassen, seit er wie andere Stämme aus dem Yemen gekommen war. Sie waren von dort ausgewandert und hatten sich in die verschiedensten Gegenden der arabischen Halbinsel zerstreut.

Die Ǧurhum wußten, wie die anderen benachbarten Stämme und wie die aus Syrien und dem Yemen kommenden Karawanen, daß es im Innern des Tales von Makka weder Wasser noch Ackerbau und Viehzucht gab.

"Aber was sind denn das für Vögel, die über den Bergen kreisen? Und was mag sie veranlaßt haben, hierherzukommen?"

So mochte sich wohl ein Trupp der Ǧurhum fragen, als er in der Nähe des Tales von Makka vorüberzog. Denn sie beobachteten Vögel, die über dem Berg Abū Qubais kreisten, der das Tal überragte. Darüber waren sie erstaunt und wunderten sich. Denn es war ihnen bekannt, daß Vögel nur über Wasserstellen kreisten. Und sie wußten, daß sie sich nur an Stellen versammelten, wo es Nahrung und Trank gab. Aber wo lag diese Wasserstelle? Und woher hatten die Vögel ihre Nahrung und ihren Trank?

Die Neugierde trieb die Gruppe von den Ǧurhum zur Aussendung von zwei Kundschaftern, die die Frage beantworten und ihnen Nachricht bringen sollten. So gelangten die beiden Kundschafter bis zum Talgrund und in die Nähe des Hügels, der in seiner Mitte lag, als sie ein Zelt erblickten. An dessen Eingang saß eine Frau, die ein Kind in ihren Armen hielt und in deren Nähe eine klare Quelle floß. Ihr Wasser glitzerte in den Sonnenstrahlen und breitete sich um sie herum aus. So erschienen die Kieselsteine glänzend wie Gold. Die beiden Kundschafter blieben überrascht und verblüfft stehen.

Wie oft schon waren sie und ihre Gefährten hier vorbeigekommen, ohne jemanden zu erblicken

oder Wasser zu finden. Wer war denn diese Frau? Und wer hatte dieses Wasser ausgegraben?
Die beiden Kundschafter kehrten mit der Nachricht zu ihrem Stamm zurück. Alsbald machte sich ein Trupp von kundigen Männern aus dem Stamm auf den Weg zu Hāǧar und ihrem Sohn Ismā'īl. Und Hāǧar erzählte den Ankömmlingen ihre Geschichte. Nachdem sich ihr Erstaunen und ihre Verwunderung etwas gelegt hatten, fragten sie sie:
"Erlaubst du uns, daß wir uns in deiner Nachbarschaft niederlassen?"
Sie antwortete:
"Ja, aber das Wasser gehört mir und meinem Kind."
Sie erwiderten:
"Das steht dir zu."
Darauf kehrten sie zu ihrem Stamm und ihren Angehörigen zurück, um sie über diese neue Quelle zu unterrichten. Sie erweckten damit bei ihnen den Wunsch, von ihrem jetzigen Lagerplatz fortzuziehen in die Nähe jener neuen Quelle.

Später kamen dann Karawanen aus Syrien und aus dem Yemen und andere aus dem Naǧd und aus Al-Ḥīra. Sie alle sahen die Wasserstelle an der Wegestation, an der sie sich zu treffen pflegten. Da freuten sie sich und machten in ihrer Nähe halt, um sich mit Wasser zu versorgen und auszuruhen. Sie gönnten sich und ihren Tieren reichlich Ruhe.

So zog dieses Wasser, das Allāh (t) für Hāǧar und ihr Kind hatte hervorsprudeln lassen, die Menschen zu ihnen beiden hin. Es brachte ihnen Karawanen, die die beiden nach und nach bei ihrem Kommen und Gehen mit dem versorgten, was sie an Nahrung und Kleidung benötigten. Und es brachte ihnen Nachbarn, die in immer größerer Zahl vom Stamme Ǧurhum zu ihnen strömten und das Tal von Makka mit Geselligkeit und Bewegung erfüllten.

So wurde Makka bewohnt und besiedelt, in diesem Gebiete zogen nun Reittiere und Vieh umher, Früchte gediehen und Güter wurden herangeschafft.

Nach alledem kam schließlich Ibrāhim zurück und sah, was Allāh (t) mit seiner Frau und seinem Sohn hatte geschehen lassen, und daß Allāh (t) seine Bitte erfüllt hatte, die er damals an Ihn gerichtet hatte:
"So mache ihnen (Hāǧar und Ismā'īl) die Herzen der Menschen zugeneigt und versorge sie mit Früchten, damit sie dankbar sein mögen."[2]
Doch Hāǧar erlebte nicht mehr, wie Ibrāhim und Ismā'īl die Al-Ka'ba, das Haus Allāhs erbauten, wie ihr dies der Engel Gabriel verkündet hatte; denn sie starb, als ihr Sohn gerade ins Jugendalter trat. Seine Nachbarn vom Stamme Ǧurhum gaben ihm eines ihrer Mädchen zur Frau, die das Leben mit ihm teilte.
Einmal kam Ibrāhim und teilte seinem Sohn mit, daß Allāh (t) ihnen beiden befohlen hatte, Sein Haus auf den dort vorhandenen Fundamenten in der Mitte des Tales von Makka zu bauen.[3] Bereitwillig leistete Ismā'īl der Aufforderung

---

[2] vgl. Qur'ān 14:37
[3] vgl. Qur'ān 2:127

Folge und erbaute zusammen mit seinem Vater die Al-Ka'ba. Und als Ibrāhim mit Ismā'īl die Grundmauern des Hauses errichtete, sagte er: "Unser Herr, nimm von uns an; denn wahrlich, Du bist der Allhörende, der Allwissende."[4]

Und Ibrāhim rief die Menschen zur Religion Allāhs und zur Pilgerfahrt zu Seinem geheiligten Hauses auf.[5]

Danach vertraute er das Haus seinem Sohn an und erklärte ihm, wie er den Leuten die Riten der Pilgerfahrt und deren pflichtmäßige Handlungen beibringen sollte, so wie Allāh (t) es ihn gelehrt hatte. Schließlich kehrte er in die Steppe von Palästina zurück.

Ismā'īl hütete das Haus Allāhs, und nach ihm hüteten es seine Kinder und deren Onkel von den Ǧurhum. Darüber verstrichen lange Zeiträume, und die Generationen folgten aufeinander. Manche von Ismā'īls Nachkommen zerstreuten sich unterdessen auf der arabischen Halbinsel,

---

[4] vgl. Qur'ān 2:127

[5] vgl. Qur'ān 22:27

während andere von ihnen in Makka blieben.
Währenddessen blieb die Obhut über Makka bei den Ǧurhum. Aber sie hatten die Religion Allāhs, zu der Ibrāhim gerufen hatte, bereits vergessen und gaben Allāh (t) Gefährten. Sie machten aus dem Haus Allāhs ein Haus für Idole und einen Ort für Götzen. Die Araber aus den verschiedenen Ecken der Halbinsel begannen zu ihnen zu pilgern und ihnen Opfergaben und Schlachtopfer darzubringen.
Dabei blieb es in Makka, bis seine Obhut an Mudad Ibn ʻAmr Ibn Al-Ḥāriṯ vom Stamme Ǧurhum ging. Unter seiner Herrschaft nahmen der Wohlstand der Bewohner von Makka, aber auch ihr sittlicher Verfall zu, und die Verderbtheit breitete sich unter ihnen trotz des guten Rates von Mudad Ibn ʻAmr aus.
Infolge dieses Verfalls wurde das Haus Allāhs vernachlässigt, so daß einige der Makkaner es wagten, die Gaben, die dem Haus dargebracht worden waren und in seinem Innern aufbewahrt wurden, zu stehlen.

Und auch die Quelle Zamzam, die Allāh (t) für Ismā'īl hatte hervorsprudeln lassen, wurde vernachlässigt; in ihr wurde gegraben, sie wurde aufgerissen und eingefaßt. So wurde sie ein gewöhnlicher Brunnen, und da nahm ihr Wasser ab und wurde knapp. Schließlich weckte dieser Zustand auch die Gier einiger Nachbarstämme von Makka, sich des Brunnens zu bemächtigen und seine unachtsamen, nachlässigen Bewohner, was das Wohl der Stadt anging, aus ihr zu vertreiben.

Und so stürzten sich die Stämme von Ḫuzā'a auf die Ǧurhum und führten Krieg mit ihnen, um Makka ihren Händen zu entreißen. Da begriff Mudad, daß die Herrschaft der Ǧurhum zu Ende und Makka ihren Händen entschlüpft war, und daß es keinen Ausweg gab, als die Stadt zu verlassen.

Mudad ging zum Brunnen Ismā'īls, grub darin und vertiefte ihn. Darauf brachte er die für die Al-Ka'ba gestifteten Gaben und legte sie in den Brunnen. Dann schüttete er Sand darüber und

vergrub alles, bis die Merkmale des Brunnens verschwanden. Mudad hoffte überdies, daß er die Herrschaft über Makka wieder gewinnen werde und daß er aus dem Brunnen die vergrabenen Gaben herausholen könne, die er so vor dem Zugriff der Eindringlinge bewahrt hätte.
Aber Allāh (t) wollte nicht, daß Mudad nach Makka zurückkehrte, noch ein anderer von den Ǧurhum. So blieben die Ḫuzā'a die Erben der Herrschaft über Makka, bis Quṣayy Ibn Kilāb, ein Nachkomme Ismā'īls, nach dem Jahr vierhundert nach Christi Geburt die Herrschaft übernahm.
Zur Zeit Quṣayys erlangte Makka eine städtische Kultur und erlebte eine viel ruhigere und ausgeglichenere Epoche wie niemals zuvor. Quṣayy befahl den Bewohnern von Makka, sich Häuser zu bauen, um darin zu wohnen anstatt in Lauben und Zelten; denn sie hatten bis zu jener Zeit eine Scheu davor, andere Häuser in der Nähe des Hauses Allāhs zu errichten. Quṣayy selbst machte sich daran, ein Versammlungsgebäude

und Rathaus zu bauen, in dem jeder wichtige Beschluß bestätigt werden sollte.
Auch vereinigte Quṣayy die Ämter der Al-Ka'ba in seiner Hand und verwaltete sie mit Tatkraft und Klugheit. Zu diesen Ämtern gehörte die As-Siqāya, das Tränken der Pilger. Das war die Bereitstellung von Wasser, Dattelwein und anderen Getränken für die Pilger zu den Zeiten der Pilgerfahrten, sowie das Heranschaffen des Wassers zur Al-Ka'ba von den weit entfernten Brunnen, die an einigen Stellen Makkas gegraben worden waren.
Außerdem schuf Quṣayy das Amt der Ar-Rifāda, das er den Quraiš als Pflicht auferlegte, nämlich daß sie ihm von ihrem Vermögen etwas abzugeben hatten, damit er davon Speise für die armen Pilger bereitstellen konnte.
Danach wurden diese beiden Ämter - die As-Siqāya und die Ar-Rifāda - an die Söhne und Nachkommen Quṣayys weitergegeben, bis sie eines Tages 'Abdulmuṭṭalib Ibn Hāšim Ibn 'Abd Manāf Ibn Quṣayy übernahm.

ʻAbdulmuṭṭalibs Traum

ʻAbdulmuṭṭalib hatte zu jener Zeit nur einen Sohn namens Al-Ḥāriṯ. Dieser strengte sich an, um aus den äußeren Bezirken Makkas Wasser heranzuschaffen, und seine Bemühungen waren sehr groß, das Wasser für die Pilger bereitzustellen und seine Sauberkeit zu überwachen.

Da wünschte sich ʻAbdulmuṭṭalib, daß doch der Brunnen Ismāʻīls, dessen sich die Araber noch immer lebhaft erinnerten, nicht zerstört worden wäre. Dann wäre ihm das Amt der Tränkung wahrlich leichter gefallen, und seine Arbeit wäre bequemer gewesen. Dieser Wunsch beschäftigte ʻAbdulmuṭṭalibs Geist, und der Gedanke daran ließ ihm keine Ruhe, so daß er tags kaum an etwas anderes dachte und nachts davon träumte.

Und während er so eines Nachts im heiligen Bezirk nahe bei der Al-Kaʻba schlief, rief ihm jemand im Schlaf zu:

"Grabe in Ṭība nach!"

Da fragte er den Rufer:

"Und was ist denn Ṭība?"

Doch der Rufer verschwand und ʻAbdulmuṭṭalib erwachte.

In der folgenden Nacht schlief ʻAbdulmuṭṭalib an dem gleichen Ort wie in der vorhergehenden, und da rief ihm der Jemand zu:

"Grabe in Barra nach!"

Er fragte:

"Und was ist Barra?"

Doch der Rufer ging wieder weg, und ʻAbdulmuṭṭalib erwachte.

In der dritten Nacht rief ihm der Jemand zu:

"Grabe in Maḍnūna nach!"

Doch als sich ʻAbdulmuṭṭalib danach erkundigte, was Maḍnūna sei, wandte sich der Rufer abermals von ihm ab.

Als in der vierten Nacht der Jemand wieder zu ihm kam und rief: "Grabe in Zamzam nach!" und ʻAbdulmuṭṭalib fragte: "Und wo ist Zamzam?", erklärte ihm der Rufer, wo Zamzam sei und bezeichnete ihm genau seine Lage.

Als die quraišitischen Bewohner von Makka am nächsten Morgen erwachten, sahen sie ‘Abdulmuṭṭalib und seinen Sohn Al-Ḥāriṯ, die sich beide schon an die Arbeit gemacht hatten, zwischen den beiden Götzenbildern ‘Isāf und Nā’ila graben, die im heiligen Bezirk der Al-Ka‘ba aufgestellt waren. Dort pflegten die Quraiš ihre Schlachtopfer darzubringen. Sie fragten ‘Abdulmuṭṭalib erstaunt:

"Was machst du denn da, o ‘Abdulmuṭṭalib?“

Er gab zur Antwort:

"lch grabe nach dem Brunnen Zamzam, damit die Pilger daraus Wasser schöpfen können.“

Aber die Männer von Quraiš gaben sich mit diesen Worten nicht zufrieden und wollten ‘Abdulmuṭṭalib daran hindern, zwischen ihren beiden Götzenbildern ‘Isāf und Nā’ila zu graben.

Sie sprachen:

"Bei Allāh, wir werden es nicht zulassen, daß du zwischen diesen beiden unseren Göttern gräbst, wo wir Schlachtopfer darbringen.“

Aber ʻAbdulmuṭṭalib ließ sich durch die Drohung der Quraiš, durch ihren Widerstand und Zorn nicht von seinem Entschluß abbringen, sondern er fuhr fort zu graben während sein Sohn ihn schützte. ʻAbdulmuṭṭalib sagte:
"Bei Allāh, ich werde ausführen, was mir befohlen wurde!"
Plötzlich stieß ʻAbdulmuṭṭalib Rufe des Jubels und der Freude aus. Da eilten die Männer von Quraiš herbei und scharten sich um ihn, um zu sehen, warum er so gejubelt hatte. Und zwischen dem Sand und der Erde, die ʻAbdulmuṭṭalib aus dem Boden herausgeholt hatte, erblickten die Quraiš einen Ring aus ineinandergefügten, vermauerten Steinen. Sein Aussehen ließ erkennen, daß er zu einem Brunnenschacht gehören mußte. Da riefen die Männer einander zu:
"Das ist der Brunnen unseres Stammvaters Ismāʻīl! Wir haben ein Recht auf diesen Brunnen, ʻAbdulmuṭṭalib, so teile ihn mit uns!"
ʻAbdulmuṭṭalib blickte sie überlegen und triumphierend an und sagte:

"Das werde ich nicht tun; denn der Besitz des Brunnens steht mir allein zu, und er wurde mir als einzigem unter euch zuteil."
Diese Worte erzürnten die Männer von Quraiš, so daß sie sich ʻAbdulmuṭṭalib zuwandten und ihn schalten und mit ihm um den Besitz des Brunnens stritten. Dabei sagten sie zu ihm:
"Laß uns Gerechtigkeit widerfahren und gestehe uns unser Recht auf den Brunnen zu; denn wir werden dir keine Ruhe lassen, bis wir mit dir einen Prozeß um den Brunnen geführt haben."
Da sagte ʻAbdulmuṭṭalib:
"Nehmt wen ihr wollt zum Richter zwischen mir und euch; ich werde euch vor ihm anklagen."
Sie entgegneten ihm:
"Wir werden zum Richter zwischen uns und dir die Wahrsagerin des Stammes Banu Saʻd ernennen."
ʻAbdulmuṭṭalib sagte:
"Ich nehme die Richterin an, die ihr ausgesucht habt."
Die Wüste des Al-Ḥiǧāz bekam in jenen Tagen

eine Händlerkarawane zu sehen, die in Richtung Norden zog. In ihrer Begleitung befanden sich 'Abdulmuṭṭalib und eine ausgewählte Gruppe von Männern, die die Quraiš ausersehen hatten, um ihre Klage gegen 'Abdulmuṭṭalib bei der Wahrsagerin der Banu Sa'd, die auf einem Hügel in Syrien wohnte, vorzubringen.

Die Reisenden hatten ein gutes Stück des Weges auf ihrer Reise zurückgelegt, als 'Abdulmuṭṭalib und seine quraišitischen Gefährten entdeckten, daß das Wasser, das sie auf ihre Reise als Proviant mitgenommen hatten, zu Ende war. So baten sie ihre Begleiter, die Kaufleute in der Karawane, ihnen etwas von ihrem Trinkwasser abzugeben. Doch die Kaufleute entschuldigten sich: in ihren Schläuchen befände sich kaum noch Wasser, es reiche gerade noch, bis sie eine Quelle erreichten, aus der sie Wasser aufnehmen könnten. Sie rieten 'Abdulmuṭṭalib und seinen Stammesbrüdern zurückzubleiben und ihre Zuflucht bei einem der nahen Stämme zu suchen, damit er sie mit dem nötigen Wasser versorge.

Darauf verließen sie sie und setzten ihren Weg fort.

Der Schar ʻAbdulmuṭṭalibs war unklar, welchen Weg sie nehmen sollte; die Pfade schienen alle gleich und zweifelhaft. Da waren sie überzeugt, daß ihr Schicksal der Tod durch Verdursten in dieser endlosen Wüste, auf ihrem heißen Sand und ihren sengenden Steinen sein werde. Schließlich ermattete ihr Geist, vor ihren Augen wurde es finster und leer, und die Verzweiflung bemächtigte sich ihrer, so daß einer von ihnen seinen Gefährten folgendes anriet:

"Grabt euch eure Gräber, Kameraden, solange ihr noch einen Rest an Kraft besitzt, damit die Bestattung der ersten Toten unter euch den Kameraden leichter fällt."

Doch ʻAbdulmuṭṭalib sagte zu seinen Gefährten:

"Bei Allāh, daß wir uns selbst mit eigenen Händen so dem Tod ausliefern, das ist wahrhaft Unfähigkeit von uns. Auf denn, laßt uns herumziehen und einen Ausweg aus unserer Notlage suchen!"

Dann kümmerte er sich um seine Reitkamelin, die er neben sich niederknien ließ und bestieg sie. Die Kamelin erhob sich mit ihm, und da schoß plötzlich frisches, süßes Wasser unter ihrem Huf hervor, auf das die Gefährten so begierig waren, und um dessentwillen sie fast den Geist aufgegeben hätten. Die Quraiš stießen Freudenschreie aus und berauschten sich am Anblick des Wassers, das unter dem Huf von ʻAbdulmuṭṭalibs Reittier hervorkam. Sie warfen sich mit ihren Gesichtern auf das kühle, süße Wasser, um es mit ihren Lippen zu schlürfen und mit ihren Händen zu schöpfen. Als sie dann alle ihren Durst gelöscht hatten, blickten sie ʻAbdulmuṭṭalib voll Verehrung und Hochachtung an und sagten zu ihm:
"Bei Allāh, Er selbst hat das Urteil zu deinem Gunsten und unserem Ungunsten gefällt, ʻAbdulmuṭṭalib. Bei Allāh, wir werden gegen dich keinen Prozeß mehr um Zamzam führen. Denn Der, Der dir dieses Wasser in der sonst wasserlosen Wüste zu trinken gegeben hat, ist

Der, Der dir auch Zamzam gab. So kehre denn auf dem rechten Weg zu deinem Tränkeramt zurück."

'Abdulmuṭṭalib kehrte nach Makka zurück und zusammen mit ihm die Abordnung von Quraiš, versöhnt und einig. Zuvor hatten sie sich für den Rückweg mit Wasser versorgt aus der Quelle, die Allāh (t) für 'Abdulmuṭṭalib hatte zutage treten lassen, mit einer Menge, die ausreichte, ihren Bedarf zu decken.

Grafikabschnitt aus der 1. Auflage
(Zeichnung: Hassan Schmiede)

Ewiges Wasser für die Pilger

'Abdulmuṭṭalib bemühte sich weiter um die Ausgrabung von Zamzam. Er und sein Sohn Al-Ḥāriṯ strengten sich bei der Hebung der Steine und des Sandes an, die den Brunnen bedeckten. In ziemlicher Tiefe des Schachtes stieß 'Abdulmuṭṭalib zwischen Sand auf glänzendes Gold.

"O Allāh!" stieß 'Abdulmuṭṭalib freudig und jubelnd aus. Die Männer von Quraiš eilten herbei und scharten sich um Zamzam, um zu sehen, warum 'Abdulmuṭṭalib so gejubelt hatte. Da gewahrten sie ihn, wie er zwischen dem Sand Schwerter, Rüstungen und darunter noch zwei Gazellen aus funkelndem Gold zutage förderte.

Nun stießen die Quraiš ihrerseits Jubelrufe aus und freuten sich.

'Abdulmuṭṭalib sagte zu ihnen:

"Was haltet ihr von diesen Dingen hier, Leute?"

Darauf gaben sie ihm zur Antwort:

"Dies sind die Gaben an die Al-Ka'ba, von denen gesagt wurde, daß sie Mudad vom Stamme Ǧurhum vergraben hatte. Und wir meinen, daß du uns an ihnen teilhaben lassen solltest."
'Abdulmuṭṭalib erwiderte:
"Wir wollen sie mit Lospfeilen verteilen; mir gehören zwei Pfeile, der Al-Ka'ba zwei und euch ebenfalls zwei."
Die Lospfeile stellten die Anteile dar, und die Quraiš pflegten mit ihnen bei dem Götzen Hubal, den sie im Innern der Al-Ka'ba aufgestellt hatten, zu losen.[6]
Als nun die Lospfeile geworfen wurden, fielen die beiden Lose der Al-Ka'ba auf die Gazellen und die beiden Lose 'Abdulmuṭṭalibs auf die Schwerter und Rüstungen. Was aber die beiden Lose der Quraiš anging, so trafen sie nichts; die Quraiš gingen leer aus.
'Abdulmuṭṭalib ließ aus den Schwertern eine Tür für die Al-Ka'ba schmieden und die beiden goldenen Gazellen als Schmuck an der Tür

[6] vgl. dazu Qur'ān 5:90

anbringen. Auf diese Weise kehrten die Gaben, die einmal im Innern der Al-Ka'ba gewesen waren, und die Mudad vom Stamme Ğurhum im im Brunnen Zamzam ungefähr dreihundert Jahre zuvor vergraben hatte, zu ihr zurück.
Dann führte 'Abdulmuṭṭalib die Ausgrabung des Brunnens Zamzam zu Ende, bis sich ihm sein süßes, köstliches Wasser zeigte. Seine Freude über das Erscheinen des Wassers war so groß, daß er darüber all das Ungemach vergaß, das ihm auf dem Weg zur Ausgrabung an Kummer und Mühsal zugestoßen war, obgleich er in seinem Ärger über die Quraiš Allāh (t) bereits folgendes gelobt hatte:
"O mein Herr! Wahrlich, wenn Du mir zehn Söhne gewährst, von denen jeder noch zu meinen Lebzeiten die Volljährigkeit erreicht und die mich unterstützen, dann werde ich einen von ihnen für Dich als Schlachtopfer bei der Al-Ka'ba darbringen!"
Dank des Wassers von Zamzam, das Allāh (t) für 'Abdulmuṭṭalib hatte hervorkommen lassen,

wurde ihm die Erfüllung seines Tränkeramtes leichtgemacht. Die Bereitstellung des Wassers für die Pilger und das Füllen ihrer Trinkwassergefäße und Waschwasserbehälter konnte ohne Mühe und Anstrengung erledigt werden.

Zamzams Ruf überstieg den aller anderen Brunnen; die Leute sprachen über die Süße seines Wassers, erzählten Geschichten über seine Vorzüge und überlieferten Erzählungen, die jedoch zu den Legenden gehören.

Aber ʻAbdulmuṭṭalib erlangte die Ehre, Zamzam ausgegraben zu haben, nicht allein, sondern diese Tat erhob auch alle anderen Nachkommen ʻAbd Manāfs über die übrigen Quraiš und die Quraiš über die restlichen Araber.

Seit jener Zeit, seit der Jahrhunderte vergangen sind, hat Zamzam nicht aufgehört, den Pilgern, die zum Hause Allāhs kommen, süßes, kühles und köstliches Wasser zu spenden. Die Pilger eilen zu ihm hin, um davon zu trinken und sich damit zu waschen. Sie wetteifern darin, so viel Wasser wie möglich in Flaschen und Kanistern als Segensbringer mit nach Hause zu nehmen, die sie ihren Lieben als kostbares Geschenk überreichen.

Der Glaube mancher Muslime an die Segenswirkung von Zamzam geht so weit, daß er sie dazu bringt, frische Tücher mit seinem Wasser zu besprengen, die sie dann, nachdem sie getrocknet sind, aufbewahren, damit sie den Pilgern nach ihrem Tode als Leichentücher dienen sollen, die sie ins Grab begleiten.

Aber die Übertreibung führte manchen Menschen, dessen Liebe zu Zamzam seinen Verstand übermannte, sogar dazu, daß er sich selbst in den Brunnen stürzte, damit er einen guten, gesegneten, ihm genehmen Tod fände. Daher veranlaßten die Gouverneure von Makka die Beseitigung dieser Gefahr, indem sie dicht unter der Wasseroberfläche des Brunnens ein eisernes Gitter anbringen ließen, das alles auffing, was darauf fiel, und verhinderte, daß es bis auf seinen Grund herabsank.

Später wurde Zamzam vertieft und seine obere

Einlassung höher gebaut. Der Boden um ihn herum wurde mit Marmor bedeckt und über dem Brunnen ein Dach errichtet. Auf den Seiten wurden Becken geschaffen, die das Wasser zum Trinken, für den Wuḍū' und zum Baden enthielten. Für die Aufsicht über ihre Herrichtung, Reinigung und Füllung sorgten Wächter und Diener.

Auf der Südseite von Zamzam hatte Al-'Abbās Ibn 'Abdulmuṭṭalib ein großes Becken für den Wuḍū' errichtet, dessen Wasser er aus Zamzam hineinleitete. Dieses Becken wurde ebenfalls mit Marmor verkleidet und mit einem Dach versehen. Das Wasser, das ihm von Zamzam her zugeleitet wurde, ließ man so einfließen, daß es unmittelbar im Innern des Beckens in Form eines schönen Springbrunnens hervortrat, der den Namen "Tränke des Al-'Abbās" erhielt.

Zwischen den Verzierungen kann der Besucher von Zamzam die vergoldeten Inschriften des Brunnens und eingravierten Weisheiten lesen. Die Inschriften erläutern dem nachdenklichen

Betrachter einiges von der Geschichte des Brunnens und machen ihm etwas von seinen Vorzügen klar.

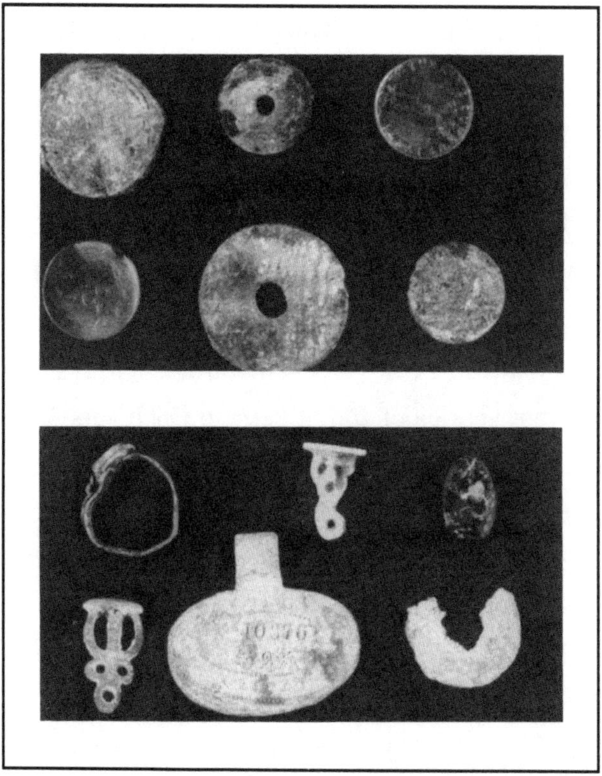

Einige, bei den Ausgrabungen in Zamzam, gefundene alte Münzen und Stempel

Zamzam in der Sunna

Ibn 'Abbās (r) berichtete:
"Der Prophet, Allāhs Segen und Friede auf ihm, trank Zamzam-Wasser im Stehen."[7]
Ibn 'Abbās (r) berichtete ferner, daß der Prophet, Allāhs Segen und Friede auf ihm, folgendes sagte:
"Allāh möge Sich der Mutter des Ismā'īl erbarmen! Hätte sie Zamzam frei fließen lassen, wäre diese zu einer strömenden Wasserquelle geworden. Die Leute des Stammes Ǧurhum kamen zu ihr und sagten:
»Erlaubst du, daß wir uns in deinem Revier niederlassen?« Und sie sagte: »Ja! Aber ihr habt kein Eigentumsrecht auf das Wasser!« Die Leute sagten: »Ja!«"[8]

---

[7] Überliefert bei Al-Buḫāryy
[8] Überliefert bei Al-Buḫāryy

Zamzam wird immer größer

Im Zuge der Erweiterung und Vergrößerung der heiligen Moschee von Makka in den fünfziger Jahren des zwanzigsten Jahrhunderts wurde auch das Brunnenhaus von Zamzam abgerissen und die Quelle in Röhren gefaßt, aus denen das Wasser in offenen Rinnen fließt, bis es wieder in Röhren verschwindet. Diese Wasserrinnen sind den Pilgern in einem über breite Treppen zu erreichenden schlichten Kellerraum zugänglich. Die heilige Moschee umfaßt nun außer der Al-Ka'ba und dem Brunnen Zamzam auch die beiden Felshügel Aṣ-Ṣafa und Al-Marwa, sowie die dazwischen liegenden Laufstrecken.

Eingang des Zamzam-Kellerraums

Einige, bei den Ausgrabungen in Zamzam,
gefundene Tongefäße, Seilführungsrollen, und Trichter

Anhang

Erläuterungen der Termini

'Abdulmuṭṭalib Ibn Hāšim Ibn 'Abd-Manāf: Großvater des Propheten Muḥammad (a.s.s.). 'Abdulmuṭṭalib trieb Handel mit Syrien und dem Yemen und hatte das Amt des Tränkens der Pilger an der Al-Ka'ba inne. Er starb um 579 n.Chr., nachdem der junge Muḥammad noch einige Jahre bei ihm gelebt hatte.

Abū Qubais (m): Name eines Berges über →Makka

Al-'Abbās Ibn →'Abdulmuṭṭalib: Ein Oheim des Propheten Muḥammad (a.s.s.). Stammvater der 'Abbasidendynastie, die in Bagdad 132-556 n.H. / 750-1258 n.Chr. die Kalifen stellte. Al-'Abbās war Geschäftsmann und offenbar eines der wohlhabenden Mitglieder des Stammes, wozu gewiß auch das Amt des Tränkens der Pilger beitrug.

Al-Ḥāriṯ: Einer der Söhne →'Abdulmuṭṭalibs

Al-Ḥiǧāz (m): Name einer Landschaft in der Arabischen Halbinsel am Roten Meer

Al-Ḥīra (f): Eine Stadt im lraq, nahe dem Euphrat

Al-Ka'ba (f): Lt. Qur'ān 3:96: "... das erste Haus, das für die Menschen gegründet wurde, ist das in →Bakka - ein gesegnetes und eine Leitung für die Welten."

Al-Madīna (f): Das frühere Yaṯrib, zu dem der Prophet Muḥammad (a.s.s.) am15. Juli 622 n.Chr. von →Makka auswanderte.

Al-Marwa (f): Ein kleiner Felshügel im Tal von Makka unweit der →Al-Ka'ba

Ar-Rifāda (f): Das Amt der Bewirtung und Unterbringung der Pilger. →Quṣayy Ibn Kilāb hatte die →Quraiš um sich versammelt und sie angewiesen: die Menschen kommen von weit her, um diese Stätten zu besuchen. Sie aufzunehmen und zu bewirten ist die Pflicht der →Quraiš. Die →Quraiš begannen daraufhin jedes Jahr untereinander eine Sammlung zu veranstalten und die Pilger gleich Allāhs Gästen zu bewirten.

Aṣ-Ṣafā (f): Ein kleiner Felshügel im Tal von →Makka, unweit der →Al-Ka'ba

As-Siqāya (f): Das Amt für die Wasserbeschaffung für die Pilger und für die Pflege des Brunnens →Zamzam.

Aṭ-Ṭawāf (m): Der siebenmalige Rundlauf um die Ka'ba als Bestandteil des Pilgerfahrtszeremoniells

Bakka (f): Ein alter Name von →Makka

Ǧurhum (f): Ein im Gebiet von →Makka angesiedelter yemenitischer Stamm

Hāǧar: Die biblische Hagar, zweite Frau Ibrāhims und

Mutter ihres gemeinsamen sohnes →Ismā'il

Ḥaram (m): Heiliges Gebiet von →Al-Ka'ba und der Heiligen Moschee in →Makka

Hubal (f): Hauptgottheit im heidnischen →Makka, dargestellt durch ein menschenähnliches Standbild aus Karneol mit einem goldenen Arm. Ein Wächter befragte die Gottheit mit Lospfeilen. Die Statue wurde auf Befehl des Propheten Muḥammad (a.s.s.) nach der Eroberung →Makkas zerstört.

H̱uzā'a (f): Ein bedeutender Stamm im Küstenstreifen zwischen →Makka und →Al-Madīna

Ibrāhim: Der biblische Prophet Abraham

'Isāf und Nā'ila (f): Ein vorislamisches Gottheitenpaar in Makka, in Form von zwei Statuen verehrt, die entweder in oder bei der →Al-Ka'ba selbst oder an zwei gegenüberliegenden Hügeln aufgestellt waren. Sie galten wahrscheinlich als Fruchtbarkeits- und Liebesgottheiten. Nach der Legende kamen sie aus dem Yemen, trieben Unzucht in der →Al-Ka'ba und wurden in Steine verwandelt. Den beiden wurden Schlachtopfer dargebracht.

Ismā'īl: Der biblische Ismael, der erstgeborene Sohn →Ibrāhims

Makka (f): →Al-Ka'ba

Mudad Ibn ‘Amr Ibn Al-Ḥāriṯ: Herrscher vom Stamme →Ǧurhum. Unter seiner Herrschaft nahmen der Wohlstand der Bewohner von Makka und ihr sittlicher Verfall zu.

Naǧd (f): Das arabische Hochland im Zentrum der Arabischen Halbinsel

Nā’ila (f): →‘Isāf

Qu‘aiqi‘ān (m): Name eines Berges bei →Makka, an dessen Tal der Stamm →Ǧurhum angesiedelt war.

Quraiš (f): Herrschende Stamm in →Makka. Die →Quraiš rechneten sich genealogisch zu den Kināna und lebten zunächst wohl in der Umgebung der von der →Ḫuzā‘a beherrschten Stadt. →Quṣayy Ibn Kilāb soll dann die →Quraiš nach →Makka geführt und um die →Al-Ka‘ba und den Brunnen →Zamzam angesiedelt haben.

Quṣayy Ibn Kilāb: Ein Nachkomme →Ismā‘īls, der 400 n.Chr. die Herrschaft im Gebiet von →Makka übernahm.

Sāra: Die biblische Sarah, erste Gattin des Propheten →Ibrāhim (a.s.).

Sunna: (f) Weg, Verfahrensweise, Brauchtum; terminus technicus für Aussagen, Handlungen und stillschweigende Zubilligungen unseres Propheten Muḥammad, Allāhs Segen und Friede auf ihm, d.h. Dinge, die der Prophet (a.s.s.)

getan, befohlen oder empfohlen hat; gleichbedeutend mit Ḥadīṯ.

Wuḍū' (m): Die vorgeschriebene rituelle Waschung vor dem Gebet

Zamzam (f): Brunnen in Makka. Er liegt im Süd-Osten der Ka'ba gegenüber der Ecke, wo der schwarze Stein eingelassen ist. Er ist 9 Meter tief und wird von einer zierlichen Kuppel überragt. Das Wasser des Brunnens wurde in früheren Zeiten an die Bewohner von Mekka verteilt. Im Jahre 297 n.H. (909 n.Chr.) trat Zamzam über den Brunnenrand, was noch nie vorgekommen war. Zamzam, auch →Ismā'īls-Brunnen genannt, erhielt im Laufe seiner Geschichte verschiedene Namen: Hazmat Ǧibrīl (Gabriels Stoß), Hazmat →Ismā'īl (→Ismā'īls Stoß), Suqyā →Ismā'īl (→Ismā'īls Trank), Lā tadum (die Unbeständige), Saiyida (die Herrin), Maḍnūna (die Behütete), 'Auna (die Hilfe), Bušrā (die frohe Botschaft), Ṣāfiya (die Unbetrübte), Barra (die Volle), 'Iṣma (die Unfehlbare), Sālima (die Unversehrte), Maimuna (die Segensbringende), Mubāraka (die Gesegnete), Kāfiya (die Genügende), 'Āfiya (die Verleihende der Wohlkraft), Muġaḏ-ḏiya (die Ernährende), Ṭāhira (die Reine), Mifdāh (die Erlösende), Ḥaramiya (Bewohnerin des →Ḥaram), Marwiya (die Druststillende), Mu'nisa (die Gesellige), Ṭa'ām Ṭu'm (die sättigende Nahrung), Šifā'u-Suqm (die heilende Kraft), Ṭība (die Wohlriechende), Šarāb Al-Abrār (Trank der Frommen), Naqrat Al-Ġurāb (der Raabenspick), Ḥufairat →Al-'Abbās (Ausgrabung des →Al-'Abbās).